AF216158

Impressum

Bibliografische Angaben der Deutschen Nationalbibliothek
Die Deutsche Nationalbibliothek verzeichnet diese Publikation in der Deutschen Nationalbiblio-
grafie, detaillierte bibliografische Daten sind im Internet über http://dnb.dnb.de abrufbar

1. Auflage
Copyright © 2019 Nele Handwerker
Covergestaltung & Satz: Franziska Scheumann, www.wiedererkennbar.de
Covermotiv & Illustrationen: Ulrike Handwerker
Lektorat: Astrid Rösel, www.schreibbogen.de
Korrektorat: Teresa Ende, www.teresa-ende.com
Herstellung und Verlag: BoD, Books on Demand, Norderstedt

ISBN: 978-3-749436-52-1

autorin@nelehandwerker.de
www.nelehandwerker.de
https://www.facebook.com/NeleHandwerkerAutorin

Gertraude Witschas und Nele Handwerker

GEDICHTE UND GESCHICHTEN ZUR FRÜHLINGSZEIT

Inhaltsverzeichnis

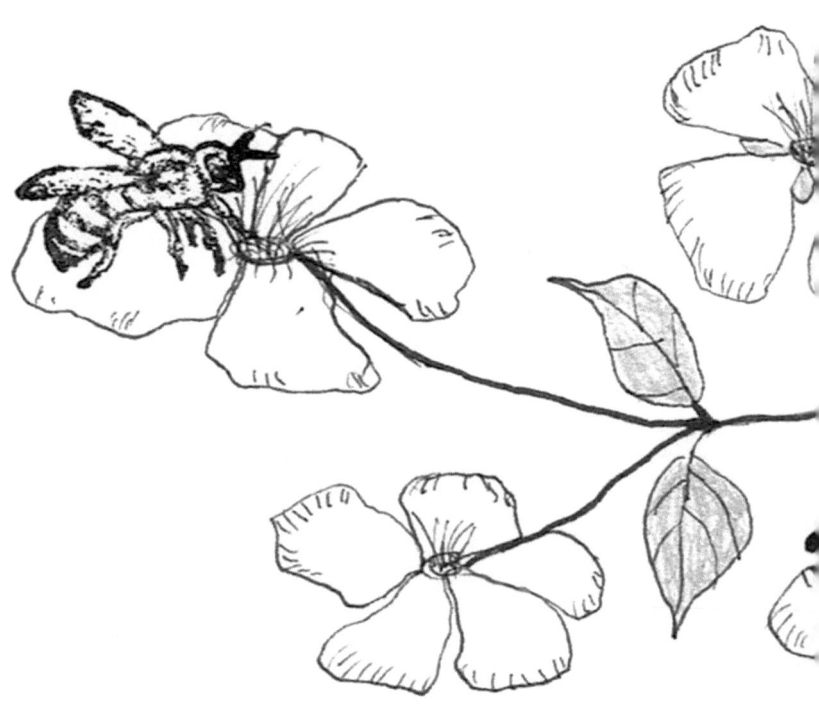

FRÜHLINGSGEDICHTE

Frühlingszauber

Wenn die ersten zarten Blümchen
zaghaft aus dem Grünen schau'n,
wenn die Bienen wieder summen,
darf man seiner Hoffnung trau'n.

Dass der Frühling endlich da ist,
und sein Zauber überall.
Wir sind wieder frisch und munter,
gut gelaunt auf jeden Fall.

Zartes Grün und Vogelzwitschern,
etwas bunter jeden Tag,
erste Schmetterlinge fliegen,
die wohl jeder von uns mag.

Kinder können draußen spielen,
sind dort fröhlich und aktiv.
Und auch sportlich auf der Höhe,
weg das Winter-Stimmungstief.

Ab und zu ist es mal anders,
dann zieht sich der Himmel zu.
Es gibt Wolken, Sturm und Regen,
doch auch das gehört dazu.

Ja, er hat schon was, der Frühling,
der ein bisschen zaubern kann.
Er verwandelt ganz unmerklich
die Natur, mit Maus und Mann.

Frühlingsspaziergang

Viele Kinder finden oftmals
das Spazierengehen fad',
das stupide Dahintrotten
auf dem vorgegebnen Pfad.

Doch ein Ausflug in den Frühling,
der kann durchaus lustig sein.
Neues gibt es zu entdecken,
manches fällt uns wieder ein.

Altbekannte Wanderwege
sehen ganz verwandelt aus.
Eis und Wintergrau verschwunden
überall schaut Grünes raus.

Und das dick vereiste Bächlein
sprudelt wieder glitzerklar.
Dieses Plätschern, dieses Gluckern
klingt für uns ganz wunderbar.

Man kann wieder balancieren
oder springen Stein zu Stein.
Wenn man allerdings mal abrutscht,
ist der Spaß nicht ganz so fein.

Denn dann gibt es Spötteleien,
nasse Füße noch dazu.
Barfuß geht es erstmal weiter,
denn klitschnass sind Strumpf und Schuh.

Die Stare sind da!

Welche Freude! Heute Morgen
sind die ersten Stare da,
sind zurück von ihrer Reise
aus dem fernen Afrika.

Alle andern Vögel hüpfen
munter durch das dichte Gras.
Stare hopsen nicht, sie laufen,
picken ständig dies und das.

Dadurch wirken sie so emsig
auf der Wiese vor dem Haus.
Wie sie flink und eifrig trippeln,
das sieht richtig drollig aus.

Munt'res Leben ist im Garten.
Wie das zwitschert, pfeift und singt,
wenn schon ziemlich früh am Morgen
so ein Vogelchor erklingt.

Einen bess'ren Wecker gibt's nicht,
er ist zeitig, aber nett!
Und so steigt man ohne Mühe
morgens fröhlich aus dem Bett.

Brutgeschäft der Vögel

Vogelnestbau ist im Gange
und nach kurzer Brütezeit
ist Gewusel in den Nestern
und Gepiepse weit und breit.

Dann kommt für die Vogeleltern
harte Arbeit ohne Rast.
Unaufhörlich Futter sammeln,
was nur in den Schnabel passt.

Und es lohnt sich. Ihre Jungen
wachsen schnell, im Handumdreh'n.
Bald gibt's erste Flugversuche,
das ist drollig anzuseh'n.

Wunderbar, wenn alles glattgeht
und der Nachwuchs gut gedeiht,
dann gibt's Vogelzwitschern, Singen,
weiter für die nächste Zeit.

Auch vertrautes Storchenklappern
hört man wieder überall.
Zeichen, dass sich Paare fanden.
Das ist Storchenritual.

Jedenfalls gehört zum Frühling
auch der Meister Adebar.
Er soll ja die Babies bringen?
Doch ich glaub', das ist nicht wahr.

Frühlingsspiele

Zwar sind Winterfreuden fetzig:
Rodeln, Skifahr'n, Schneeballschlacht,
doch es ist auch wieder herrlich,
wenn die Frühlingssonne lacht.

Keine dicken Wintersachen,
keine kalten Hände mehr.
Man kann länger draußen spielen,
Roller, Dreirad müssen her!

Endlich wieder Fußballspielen!
(Klar, auch Mädchen können das!)
Und die Kleinsten haben wieder
im und am Sandkasten Spaß.

Bei den Größeren sind Fahrrad,
Skateboard, Rollerskates gefragt.
Man versucht sich akrobatisch,
manchmal wird zu viel gewagt.

Doch selbst eine kleine Schramme
nimmt man hie und da in Kauf.
Mal ein Pflaster, bisschen humpeln,
deshalb geben wir nicht auf.

Mit den Freunden, in der Gruppe,
macht das alles doppelt Spaß!
Nach der langen Winterpause
geh'n wir ran, genießen das!

Frühlingsblumen

Allererste Frühlingsboten
sind Schneeglöckchen, das ist klar.
Sie erkämpfen sich ihr Plätzchen,
trotzen Eis und Schnee sogar.

Bald schon wagen sich die nächsten
Frühlingsblumen auch heraus:
Märzenbecher, Himmelsschlüssel,
schon sieht alles bunter aus.

Und die Veilchen bringen nicht nur
Farbe, auch die Luft
ist so angenehm durchzogen
von dem zarten Blütenduft.

Etwas davon mitzunehmen,
das lockt alle Kinder sehr,
damit Mama zu erfreuen,
das macht Spaß und fällt nicht schwer.

So ein zartes Blumensträußchen
sieht nicht nur ganz reizend aus.
Es bringt Frühlingsduft und -stimmung
bis hinein in jedes Haus.

Weidetiere

Auch für Kühe, Pferde, Schafe
ist das Frühjahr ein Genuss.
Es geht wieder auf die Weide,
lange war der Stall ein Muss.

Ganz besonders in den Bergen
ist der „Almauftrieb" ein Fest,
das nicht nur die Ochsenherzen
freudig höher schlagen lässt.

Toll geschmückt die meisten Rinder,
schwere Glocken schlagen an,
so geht's unter Beifallklatschen
laut und fröhlich steil bergan.

Und ein Schäfer mit der Herde
passt so gut ins Frühlingsbild.
Pferde stürmen auf die Koppel,
übermütig, fast wie wild.

Auch die Tiere sind in Stimmung
wissen schon, wie's weitergeht,
dass für jedes reichlich Futter
und viel Freiheit bevorsteht.

Maulwurfshügel

Viele frische Maulwurfshügel
gibt es auch im Frühjahrsbild.
Doch so mancher Hobbygärtner
wird bei ihrem Anblick wild.

Dabei ist er doch so nützlich,
dieser kleine schwarze Wicht!
Doch man kriegt ihn kaum zu sehen,
denn er scheut das Tageslicht.

Unsre Hundedame Minnie
gräbt zwar jeden Hügel um.
Doch den Maulwurf zu erwischen,
das gelingt ihr nicht, wie dumm!

Ihre Nase, ihre Pfötchen,
seh'n danach hübsch dreckig aus.
Doch dem Jagdtrieb unsrer Hündin
macht das überhaupt nichts aus.

Denn so'n runder Maulwurfshügel
ist für Hunde ein Genuss,
dem man mit der Schnüffelnase
einfach auf den Grund geh'n muss.

Osterhase

Ich möcht' zu gern auch mal sehen,
wie's der Osterhase macht,
all die Eier zu verstecken.
Vielleicht kommt er in der Nacht?

Mama meint, ganz früh am Morgen,
da ist seine Lieblingszeit,
wenn noch alle Kinder schlafen,
keiner zuschaut weit und breit.

Manchmal hat er tolle Plätze
für die Eier ausgedacht.
Letztes Jahr hing eins im Kirschbaum.
Wie hat er das nur gemacht?

Auf den hohen Baum zu klettern,
noch dazu mit schwerer Last?
Sicher hat er ein paar Helfer.
Allein geht's nicht, denk ich fast.

Denn es freu'n sich so viel' Kinder
auf die Ostersucherei.
Oftmals schallt's aus einem Garten:
„Hurra, ich hab' noch eins!

Unsre Hundefreundin Minnie
ist begeistert mit dabei,
einmal fand sie Tage später
noch ein Schokoladenei.

Wenn sie etwas Süßes findet,
gibt sie es nicht mehr heraus,
packt es heimlich und verschwindet
und nimmt ganz blitzschnell Reißaus.

Ostern feiern

Nicht nur Christen feiern Ostern.
Es ist Tradition, steht fest:
Winterausklang, alte Bräuche,
prägen ebenfalls das Fest.

Ob ein feierlicher Kirchgang
oder raus in die Natur –
jeder hat auf eigne Weise
seine Osterfreude pur.

Vielleicht früh schon loszuwandern,
wenn ein sanftes Lüftchen weht,
erste Sonne zu genießen
eh sie hoch am Himmel steht.

Aus der Ferne schicken
Osterglocken ihr Geläut.
Es sind wunderschöne Tage,
eine unbeschwerte Zeit.

Und die Kinder freu'n sich immer
auf den ganz besond'ren Spaß,
bunte Eier zu entdecken,
gut versteckt vom Osterhas'.

FRÜHLINGSGESCHICHTEN

Dagoberts neue Nachbarin

Waldkauz Karl sitzt früh morgens auf seinem Lieblingsbaum. Er lauscht dem Tanz der Vogelstimmen des beginnenden Tages. Es zwitschert aus allen Richtungen. Tautropfen glitzern auf den Grashalmen. Plötzlich vibriert der Untergrund. Der ganze Boden hebt sich auf einer fußballgroßen Fläche empor. Karl reißt die Augen auf. Braune Erdklumpen fliegen durch die Luft. Ein kleiner Hügel entsteht. Kurz blitzt etwas Helles an dessen Spitze auf. Dann kehrt Ruhe ein. Wenige Momente später beginnt das Schauspiel zwei Schritte weiter erneut. Der Boden wackelt, Erdklumpen rollen übers Gras, ein zweiter Hügel formt sich.

„Alles fest. Ich muss für mehr Luft sorgen", klingt es daraus hervor.

Die rosa Schnauze von Maulwürfin Magda taucht auf. Sie drückt sich mit ihren hellen Grabschaufeln nach oben. An ihrer Nase kleben ein paar Stückchen Erde.

Sie schnüffelt einmal im Kreis.

„Dufte Gegend, hier bleib' ich", sagt sie und verschwindet wieder.

Im unterirdischen Gang prüft sie mit ihren Tasthaaren die Lage. Nichts regt sich. Kein Regenwurm in der Nähe. Schade. Also buddelt sie weiter. Magda nimmt ihre Grabschaufeln vor den Kopf und schiebt die Erde zu ihren Hinterläufen. So arbeitet sie sich Stück für Stück voran. Dann steuert sie erneut empor. Schließlich muss die ganze verdrängte Erde irgendwohin, raus aus dem Loch.

So entsteht ein Haufen nach dem anderen.

Von oben betrachtet schlängelt sich eine Linie aus Maulwurfshügeln über die Waldlichtung. Kommt ein Strauch, weicht die Linie aus. Unterwegs findet Magda zwei Tausendfüßler und einen Regenwurm. Die verputzt sie auf der Stelle und gräbt weiter. Magda schmeißt Erde nach oben und verschwindet wieder in den Gang. Sie ist keine drei Schaufeln entfernt, als Erde durch die Öffnung hinunterfällt und der Zugang zur Oberfläche dadurch verschlossen wird. Jemand stampft den Boden über ihr fest und schimpft dabei. Unbeirrt arbeitet sich die Maulwürfin weiter voran und hebt den nächsten Erdhügel aus. Ihr Kopf ist ganz

nah am Ausgang. Da hört sie die tiefe Stimme von Dachs Dagobert.

„Was soll das? Alles ist zerwühlt. Diese Unordnung halte ich nicht aus."

Sie kann gerade noch abtauchen, bevor der Boden über ihr platt gestampft wird. Magda überlegt kurz. Dann drückt sie die Erde erneut nach oben.

Dagobert schimpft: „Wer ist da? Komm raus und zeig dich!"

Die Maulwurfsdame hat keine Lust, einem schlecht gelaunten Kerl gegenüberzustehen. Und an der Erdoberfläche fühlt sie sich immer hilflos. Schließlich kann sie nur hell und dunkel unterscheiden.

Deshalb beschließt sie, vorerst im Untergrund zu bleiben. Das erscheint ihr sicherer: „Ich heiße Magda und bin ein Maulwurf. Der Boden hier ist fest und muss dringend durchgearbeitet werden. Du solltest mir dankbar sein."

„Für diese Unordnung bedanken? Niemals."

„Isst du gern Regenwürmer und Käfer? Die kleinen Krabbler brauchen einen lockeren Boden, um sich gut zu vermehren. Du findest gerade nur wenige, oder?"

„Stimmt", murrt Dagobert.

„Lass mich weiter buddeln. Dann gibt es bald genug zu essen für uns beide."

Oben schnauft es. Magda kann ihre Neugier nicht länger im Zaum halten. Vorsichtig schaut sie aus dem Erdhügel heraus. Sie sieht einen abgemagerten Dachs.

„Na gut. Du hast zwei Wochen Zeit. Wenn sich bis dahin die Anzahl der Insekten im Revier verdoppelt hat, darfst du bleiben. Aber lass meinen Bau in Ruhe."

Magda grinst und freut sich: „Klingt fair."
Sie krabbelt zurück unter die Erde und führt ihre Arbeit fort.
Von oben hört sie Dagobert rufen: „Zwei Wochen, nicht länger."
Er stapft davon und die Vibrationen, verursacht durch seine Schritte, werden immer leiser. Die Maulwürfin gräbt eifrig weiter. Der Dachs wird staunen. Wenn sie sich das nächste Mal wiedersehen, wird er satt und rundlich sein.

Gefahr im Biberteich

Frosch Fridolin sitzt auf einem Seerosen-
blatt. Er genießt die warmen Sonnenstrahlen
auf seiner Haut und spürt, wie sie ihm Energie
verleihen. Das Biberrevier ist über den
Winter noch schöner geworden. Der an-
gestaute Teich bietet vielen Tieren und
Pflanzen Schutz. Und der Bach sorgt für
eine sanfte Strömung. Zwischen dem
frischen Grün der Knospen fühlt sich der
Frosch wohl und getarnt.
Plötzlich huscht ein Schatten über ihn hinweg. Er springt ins Wasser und gräbt sich in
den Schlamm ein.

Schmerz schießt in sein linkes Hinterbein. Er entdeckt einen Schnitt quer auf seinem Unterschenkel. Blut tritt aus der Wunde. Er steigt empor bis unter den sicheren Schutz eines Seerosenblattes. Von da aus inspiziert er den Himmel. Alles frei. Fridolin schaut zum Ufer. Kein Vogel zu sehen.

Mit den drei unverletzten Beinen schwimmt er langsam zur Biberburg und krabbelt an Land. „Berta, bist du da? Ich brauche deine Hilfe!", ruft er.

Biberdame Berta watschelt aus dem Bau. Sie reibt sich die Augen und blinzelt ihren Besucher an. Sofort entdeckt sie die Wunde. „Ich hole erstmal Verbandszeug", sagt sie und verschwindet im Bau.

Bei ihrer Rückkehr trägt sie Blätter im Maul. Sie setzt sich vor Fridolin und legt die Hälfte der Pflanzen am Boden ab. Die anderen zerkaut sie zu einer Paste.

„Meine Kräuterpaste lindert den Schmerz, und in ein paar Tagen ist alles verheilt."

Sie streicht die klebrige Masse auf seine Schnittwunde. Es stinkt fürchterlich.

Dafür stoppt die Blutung schnell und das Pochen in der Wunde schwindet. Berta wählt ein breites Blatt aus und umwickelt damit sein Bein. Sie knotet es doppelt.

„So kannst du schwimmen, ohne alles abzuspülen", sagt sie.

„Danke, liebe Berta."

„Gern geschehen. Der Wald bietet uns, was wir brauchen, wenn man sich auskennt. Wie ist es denn passiert?"

Fridolin beschreibt der Biberdame, wie und wo er sich den Schnitt eingefangen hat. Nachdem er sich wieder kräftig genug fühlt, schwimmen die beiden zur Unglücksstelle.

Berta taucht hinab und kehrt kurz darauf mit einer Glasscherbe in der Pfote an die Oberfläche zurück. Sie legt die Scherbe am Uferrand ab, mit den Schnittkanten nach unten, damit sich kein weiteres Tier verletzt.

„Wer weiß, wie viel Müll die Menschen hier schon zurückgelassen haben", sagt Berta.

„Was hältst du von einer Aufräumaktion? Wenn wir gemeinsam suchen, geht es schneller", schlägt Fridolin vor.

Die Biberdame willigt ein und will wieder abtauchen.

„Stopp, wir sollten vorsichtig sein, sonst gibt es noch mehr Blut", sagt Fridolin und schwimmt zum Ufer.

Er greift sich einen Stock und schiebt einen größeren Berta entgegen. Jeder nimmt sich einen Abschnitt vor. Beide Tiere stochern im Schlamm herum. Wird etwas Verdächtiges ertastet, folgt eine genaue Untersuchung. Sie finden mehr Scherben, ein paar Zigarettenstummel und eine Konservenbüchse. Am Ende liegt ein großer Müllberg am Ufer.

„Und was machen wir damit?", fragt Berta.

„Vielleicht kann uns Füchsin Fidelia helfen", sagt Fridolin. „Sie kommt heute Abend wieder auf einen Schluck am Teich vorbei."

Es dämmert. Berta schaut zur Biberburg.

„Ich warte auf Fidelia. Vielen Dank für den Verband. Schwimm ruhig nach Hause zu deiner Familie", sagt er.

Berta strahlt. Zum Abschied klatscht sie mit ihrem Schwanz auf die Wasseroberfläche und verschwindet kurz darauf in der Biberburg.

Wenig später erblickt Fridolin die Füchsin. Er winkt sie herbei und erzählt ihr alles.

Sie verspricht, spätestens morgen eine Lösung zu finden.

„Danke Fidelia" sagt Fridolin.

„Dafür gibt es ja unsere Waldgemeinschaft", antwortet die Füchsin.

Sie trinkt einen Schluck Wasser und verabschiedet sich.

Fridolin sieht zum Abendrot empor. Er gähnt und beschließt den aufregenden Tag zu beenden.

Fidelia und Schorsch räumen auf

Füchsin Fidelia tänzelt durch den Wald. Das Abendrot weicht langsam der Nacht. Zeit für ihr Treffen mit Wildschwein Schorsch. Sie überquert die große Lichtung, schaut zu den Baumkronen empor und tritt in einen weichen Erdhaufen.

„Wie schön, dass wir wieder einen Maulwurf haben", denkt sie.

Die Füchsin erreicht den Vogelbeerbaum. Schorsch erwartet sie bereits.

„Fidelia, dein Pelz glänzt fabelhaft", sagt er.

Sie errötet: „Hast du morgen früh Zeit?"

„Für dich immer", antwortet Schorsch.

„Wir müssen zum Bibersee und den Müll der Menschen wegbringen. Stell dir vor, der arme Frosch Fridolin hat sich das Hinterbein an einer Glasscherbe verletzt, die im Schlamm verborgen war."

Schorsch bleibt das Maul offen stehen. Fidelia erzählt ihm die ganze Geschichte und beschreibt die Größe des Müllhaufens. Er ist sofort damit einverstanden den

Transport zu übernehmen.

„Lass uns gleich in der Kleingartensparte vorbeischauen. Vielleicht finden wir dort ein Behältnis, um den Müll zu transportieren, und einen Platz, wo er hingehört."

„Sind heute Abend Menschen da?", fragt Schorsch.

„Gestern sind sie mit ihren Stinkbüchsen wieder davongefahren."

Die beiden rennen los. Am Waldrand bleibt Schorsch stehen. In einer Laube brennt Licht.

„Wer wohnt dort?", fragt er die Füchsin.

„Ein älteres Ehepaar. Sie füttern im Winter die Vögel. Ihre Enkel haben Igel Ignatz letztes Jahr gerettet. Sein Gewicht war zu gering für den langen Winterschlaf."

Das Wildschwein entspannt sich. Gemeinsam laufen sie weiter bis zum ersten Gartenzaun. Sie umrunden die Anlage. Auf halbem Weg stehen große Metallbehälter. Ein paar Glasscherben liegen auf dem Boden davor, und es riecht nach gegorenen Trauben.

„Ich glaube, wir haben den richtigen Ort gefunden", sagt Fidelia. „Jetzt brauchen wir nur noch etwas, um den Müll zu transportieren. Und ich habe schon eine Idee…"

Fidelia flitzt los. Schorsch folgt ihr. Sie zwängen sich durch die Hecke, die den Garten des alten Ehepaars abgrenzt. Durch ein großes Fenster sehen sie die Frau im Sessel sitzen. Sie liest ein Buch. Ihr Mann steht am Küchentisch und räumt das Geschirr vom Abendessen ab.

„Komm", flüstert Fidelia und schleicht zu
einer überdachten Stelle.
Hier hängen verschiedene Gartenwerkzeuge
an der Wand. Vom Rechen über die Harke
bis hin zur Gartenschere.

Weit oben entdecken sie einen stabilen Stoffbeutel. Genau die passende Größe für den ganzen Müll.

Schorsch atmet tief ein und streckt sich empor. Es reicht nicht. Fidelia springt hoch. Vergebens.

„Ist die Wand stabil?", fragt Schorsch.

Fidelia tritt näher heran. Sie hebt eine Pfote und drückt mit aller Kraft dagegen. Nichts passiert.

Schorsch stellt sich vor die Wand und setzt behutsam einen Vorderhuf nach oben. Er hält die Luft an und platziert den zweiten daneben. Auf den Hinterbeinen balancierend, reckt er sich immer höher. Es knarzt. Fidelia schaut ins Fenster. Die beiden Menschen haben nichts gehört.

Schorsch braucht drei Anläufe, um den

Beutel über seinen rechten Hauer zu fädeln. Einen Augenblick später verliert er das Gleichgewicht und reißt im Fallen mehrere Werkzeuge von der Wand. Scheppernd landen sie auf dem Boden.

„Nichts wie weg", ruft Fidelia und schon rennen die beiden durch die Hecke davon. Der Beutel flattert an Schorschs Flanke, aber bleibt auf dem Hauer hängen.

In ihrem Rücken hören sie, wie die Tür aufgeht und der alte Mann ruft: „Hallo? Ist da jemand?"

Fidelia und Schorsch bleiben erst am Biberteich stehen. Sie atmen tief durch. Der Vollmond beleuchtet das Ufer. Der Keiler setzt sich neben den Müllhaufen. Die Füchsin füllt den Beutel, bis alles weggeräumt ist.

„Wollen wir den alten Leuten eine kleine Freude bereiten, nach all dem Chaos?", fragt Schorsch.

Fidelia beißt zur Antwort eine hübsche Teichrosenblüte ab. Und schon brechen sie auf. Er trägt den Müllbeutel und sie die Blüte im Maul.

Bei ihrer Ankunft leuchten die Sterne am Himmel. Erst laden sie den Müll an den Metallbehältern ab. Weiter geht es zum Haus der alten Leute. Dort ist alles dunkel. Die Werkzeuge hängen wieder ordentlich an der Wand. Davor legen sie den leeren Beutel auf den Boden und die Teichrose darauf. Anschließend laufen sie zurück in den Wald.

„Danke", sagt Fidelia und küsst Schorsch auf die Wange.

Er errötet und lächelt: „Gern geschehen."

Sie verabreden sich für den nächsten Morgen am Biberteich und begeben sich zur Ruhe.

Osterhase auf Eiersuche

Wölfin Walda streift durch den Wald. Die Frühlingssonne wärmt ihren Pelz. Sie lauscht den Vogelstimmen. Ein paar Meter weiter stupst sie eine Gruppe gelber Krokusse mit der Schnauze an, sodass deren Pollen an ihrer Nase haften bleiben.

Da hört sie Hase Hanno rufen: „Hast du gegessen?"

Sie pupst zur Bestätigung. Das ist das allgemeine Entwarnungssignal. Wenn Walda satt ist, entsteht viel Luft in ihrem Bauch, die hörbar entweicht. Ein klares Zeichen für alle Waldbewohner, dass sie sich in diesem Moment nicht vor der Wölfin fürchten müssen.

Hanno springt hinter einem Baum hervor: „Ich brauche deine Hilfe. Ostern steht vor der Tür und ich weiß nicht, woher ich Eier bekommen soll."

„Bist du unser Osterhase?", fragt die Wölfin und pupst vor Freude.

„Klar, eine Korbtrage für meinen Rücken habe ich bereits."

Walda zwinkert ihm zu: „Eier besorgen wir noch heute."

„Das klingt möhrenstark", sagt Hanno.

Die beiden brechen auf. Erster Stopp ist Hannos Sandkuhle. Dort steht ein Weidenkorb mit Lederriemen. Hanno stopft Heu und Blätter hinein. Er kippt den Korb um, krabbelt darunter und fädelt seine Vorderpfoten durch die Lederriemen. Kurz ruckeln, schon sitzt er perfekt auf seinem Rücken.

„Wer baut so etwas?", fragt Walda.

„Keine Ahnung. Ich habe ihn am Waldrand gefunden. Da passen mindestens sechs Eier rein."

„Auf geht's", sagt Walda. „Hier entlang."
Und schon springen und rennen die beiden
Freunde zum Bach und folgen dem Lauf
stromabwärts. Am Waldrand schauen sie
sich um. Niemand zu sehen. Die Straße ver-
läuft 20 Hasensprünge weit entfernt. Hanno
und Walda sind durch die Büsche am Ufer
vor den Blicken der Autofahrer geschützt.
So geht es weiter, bis sie zum Parkplatz eines
Supermarktes
kommen.
Heute ist der
siebente Tag der
Menschenwoche.
Weder Autos
noch Menschen
sind hier.

Dennoch spitzen
Walda und Hanno die
Ohren, um rechtzeitig

davonlaufen zu können, wenn es nötig
wäre.

Die Wölfin läuft über den schwarzen Stein-
boden. Hanno folgt ihr. Er hatte noch nie so
einen Boden unter den Pfoten. Hier wächst
kein Moos oder Gras. Die Erde fehlt. Und
alles ist glatt.

„Menschen mögen komische Sachen", denkt
er sich.

Er hoppelt weiter bis zu Walda, die vor

einem großen Metallbehälter steht. Darin liegt Essen, das lecker riecht.

„Wollen das die Menschen nicht mehr?", fragt er die Wölfin.

„Ich verstehe es auch nicht. Jeden Tag schmeißen sie hier Obst, Gemüse und andere Lebensmittel hinein. Gewiss sind ein paar Eier dabei."

Hanno schlüpft aus den Lederriemen vom Korb. Dann schnuppert er sich durch die Essensberge. Er findet Möhren und Pastinaken, die ein bisschen schrumpelig sind. Je eine packt er in seinen Weidenkorb. Kurz darauf hält er eine Schachtel mit sechs Eiern hoch. Er beschnuppert jedes einzelne. Sie riechen frisch. Eins nach dem anderen legt er in den Korb und polstert sie mit dem darin liegenden Heu und den Blättern ab. Er schließt den Deckel, schlüpft in die Riemen und springt weich federnd zu Boden. Die zwei Freunde begeben sich auf die Heimreise. Bei der Ankunft an Hannos Sandkuhle fragt Walda: „Und malst du die

Eier an?"

„Nach alter Hasentradition. Das Rezept für die Farben stammt von meinem Urururopa. Aber für heute reicht es mir."

Hanno bedankt sich bei Walda für ihre Hilfe. Die Wölfin verabschiedet sich bis zum Osterfest. Er gähnt, streckt sich in seiner Kuhle aus und schläft kurz darauf ein.

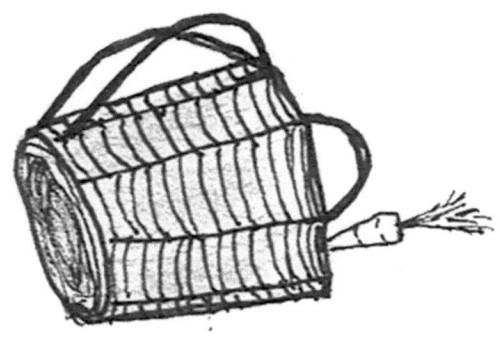

Jetzt wird es bunt

Hase Hanno hoppelt zum Biberteich. Auf seinem Rücken trägt er einen Weidenkorb. Darin liegen sechs weiße Eier, gepolstert zwischen Heu und Blättern, außerdem Malsachen. Biberjunge Balduin steht am Ufer.

„Hallo Hanno, da bist du ja endlich", ruft er ihm zu.

„Kannst du es nicht erwarten?", fragt Hanno.

„Meine Eltern kommen in drei Stunden zurück. Bis dahin müssen wir fertig sein."

Hanno setzt den Korb auf den Boden und schlüpft aus den Lederriemen. Er öffnet den Verschluss und holt ein Ei nach dem

anderen heraus. Behutsam legt er sie ins Gras.

Balduin steht mit offenem Mund davor: „Die sind ja riesig. Was wir da alles aufmalen können."

Der Hase schmunzelt und greift erneut in den Korb. Er holt drei Stöcke hervor.

Der Erste ist ganz spitz angeknabbert. Der Zweite hat an einem Ende dünne Strohfasern. Beim Dritten formt ein Büschel weicher Hasenhaare eine Pinselspitze.

Hanno kramt noch einmal im Korb herum und setzt drei halbe Walnussschalen vor Balduin ab. Das Innere der Schalen leuchtet Erdbeerrot, Heidelbeerblau und Quittengelb.

„Besorgst du bitte Wasser zum Anrühren der Farben und Blätter zum Mischen?", fragt Hanno.

Der Biberjunge watschelt sofort los. Er kehrt mit einem Schneckenhaus zurück, das mit Wasser gefüllt ist und zieht ein paar Seerosenblätter hinter sich her.

„Ich habe noch nie mit einem Pinsel gemalt", sagt er zum Hasen.

„Das lernst du schnell. Probier' alle drei aus und bemale das Schneckenhaus", antwortet Hanno.

Er gibt Balduin den Pinsel mit der scharfen Spitze: „Damit kannst du exakte Linien malen."

Der Biberjunge greift danach und taucht ihn in die blaue Farbe. Er setzt die Spitze auf das Schneckenhaus und zeichnet eine Spirale. Plötzlich quietscht es und er lässt den Pinsel vor Schreck fallen.

„Du hast zu fest aufgedrückt. Nicht schlimm. Versuch es gleich nochmal. Es ist wichtig, dass du ein Gefühl für die Unterschiede bekommst."

Balduin hebt den Pinsel auf und versucht es erneut. Diesmal zieht er eine dünne Wellenlinie, ohne Geräusche.

„Du bist ein Naturtalent", lobt ihn der Hase und reicht ihm den Pinsel mit der Strohspitze. Balduin wählt die rote Farbe. Die Striche sind

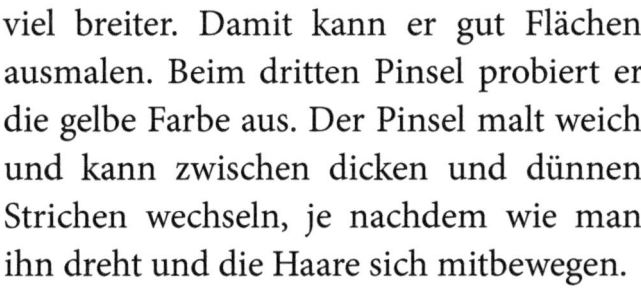

viel breiter. Damit kann er gut Flächen ausmalen. Beim dritten Pinsel probiert er die gelbe Farbe aus. Der Pinsel malt weich und kann zwischen dicken und dünnen Strichen wechseln, je nachdem wie man ihn dreht und die Haare sich mitbewegen.

„Das macht Spaß", sagt Balduin und strahlt übers ganze Gesicht. „Wer bekommt denn alles ein Osterei?"

„Walda, die Wölfin, erhält zwei Stück, weil sie mir geholfen hat, die Eier zu finden. Ein weiteres Ei habe ich für Fidelia, die Füchsin, eingeplant. Schorsch, das Wildschwein, bekommt zwei, weil er so groß ist. Und Dagobert, der Dachs, das sechste Ei."

„Kann ich ein Ei meinen Eltern schenken?", fragt Balduin.

„Klar, Schorsch reicht gewiss auch ein Ei aus", antwortet Hanno.

Balduin juchzt vor Freude. Er grübelt, wie er die Eier bemalt, sodass jedes Tier sein eigenes Motiv erhält. Nachdem er die passenden Ideen hat, greift er zum Pinsel.

„Weißt du, wie man die Farben mischt?",
fragt Hanno.

„Aus Gelb und Blau wird Grün. Orange entsteht aus Rot und Gelb. Und Blau gemischt
mit Rot ergibt Lila."

Hanno klatscht in die Pfoten: „Du bist ein
schlaues Kerlchen."

„Darf ich anfangen zu malen?", fragt Balduin.
Hanno übergibt ihm die Pinsel und Balduin
legt sofort los.

Nachdem er fertig ist, liegen sechs unter-
schiedlich bemalte Eier da. Und doch bleibt
erkennbar, dass sie vom gleichen Künstler
stammen.

„Die sind super geworden", sagt Hanno.
Balduin betrachtet voll Freude sein Werk.
Sobald die Eier getrocknet sind, verstaut
der Hase sie in seinem Korb.

„Bis zum Osterfest, Balduin!"

„Ich freue mich schon auf die Gesichter,
wenn sie ihr Osterei finden", sagt der Biberjunge.

Dann hoppelt Hanno mit dem gefüllten
Korb davon.

Andere beschenken macht Spaß

Emma und Emil, die beiden Eichhörnchen, wollen dieses Jahr „Osterhase" spielen. Sie wissen, dass für einige Tiere die Geschenke noch fehlen. Und dabei ist morgen schon Ostern.

„Was meinst du, würde Igel Ignatz glücklich machen?", fragt Emil.

„Ein paar Walderdbeeren", schlägt Emma vor. „Und ich weiß, wo wir welche finden."
Sie hüpft den Baumstamm empor. Von dort springt sie von Ast zu Ast und von Baum zu Baum. Emil folgt ihr. Ab und an kitzelt ein frischer Trieb ihre Nasen, den sie im Vorbeihuschen übersehen. An der großen Buche stoppen sie und klettern hinab auf den Waldboden. Emma bleibt vor einer Erdbeerpflanze stehen. Doch deren Früchte sind noch grün.

„Es gibt eine Stelle, die komplett in der Sonne liegt. Vielleicht haben wir dort mehr Glück", sagt sie, klettert den nächsten Baum empor und schon geht es weiter.

Am südlichen Waldrand finden sie tatsächlich drei reife Walderdbeeren. Sie pflücken die Früchte samt Stiel. Emil hält zwei Stiele mit den Zähnen fest und Emma einen. Auf dem Rückweg springen sie vorsichtiger von Ast zu Ast, um ihre wertvolle Beute nicht zu verlieren. Das erste Geschenk haben sie.

„Balduin soll einen eigenen Pinsel bekommen", sagt Emma. „Er hat mir beim letzten Treffen erzählt, dass ihm Malen großen Spaß macht."

„Und woher kriegen wir einen?", fragt Emil.

„Wir basteln ihn selber", antwortet Emma.

„Ich kümmere mich um die Haare. Besorge du derweil einen geraden Stock."

Emil sucht den Waldboden ab, dann klettert er auf die umliegenden Bäume. Emma kehrt zum Kobel zurück. Dort sammelt sie alle Haare ein, die bisher der Polsterung gedient haben und wäscht sie im Bach. Danach werden sie auf einem Stein in der Sonne getrocknet. Emil erscheint mit einem Birkenzweig.

„Sehr schick", sagt Emma und nimmt den Zweig entgegen.

Sie kürzt ihn um die Hälfte ein und zieht von dem nicht mehr benötigten Stück etwas Rinde ab. Dann greift sie nach den getrockneten Haaren. Sie formt eine Pinselspitze daraus, legt sie um den Zweig herum und bindet sie mit der frischen Rinde fest. Geschafft. Die zweite Osterüberraschung ist fertig.

„Für Hanno brauchen wir Kräuter", sagt Emma.

„Die netten alten Leute im Gartenverein haben eine Kräuterschnecke", antwortet Emil.

„Sie verbrauchen nur einen kleinen Teil der Pflanzen selbst. Dort können wir bestimmt etwas holen."

Schon brechen die beiden wieder auf. Im Garten angekommen, saugen sie die Düfte ein, die die Kräuter verströmen. Die Frische der Minze mischt sich mit herbem Thymian und würzigem Rosmarin. Was für ein Genuss! Von allem was üppig wächst, knabbern sie zwei Stängel ab. Vollbepackt hüpfen sie nach Hause. Mehrfach stolpern sie, weil sie den Boden nicht mehr sehen und immer ein Stiel zu lang ist und vor ihren Pfoten landet. Sie lachen darüber, rappeln sich auf und weiter geht es.

Mittlerweile sind Emma und Emil müde von dem vielen Hin- und Herrennen.

„Hast du eine Idee, womit wir Waldmaus Mia eine Freude machen können?", fragt Emma.

„Ich weiß, dass sie den ganzen Frühling und Sommer über den Herbstfrüchten nachtrauert. Hast du noch alte Vorräte?"

Emma überlegt und geht im Kopf ihre Verstecke durch. Ein paar wenige hat sie sich aufgespart. Zwei davon liegen direkt hier unter dem Baum. Sie zeigt Emil die eine Stelle. Er gräbt los und findet eine Haselnuss. Emma springt zur zweiten und buddelt die Erde weg. Die beiden Bucheckern sehen noch recht passabel aus. Damit ist Mia versorgt.

„Dann bleiben nur noch Rehmama Regina und ihr Rehkitz Ronja übrig", sagt Emil.

„Oh, ich weiß, dass sie total gerne junge Haselnusstriebe essen. Die Zweige ganz oben sind die leckersten. Da kommen sie nie ran, aber wir", antwortet Emma.

Die Eichhörnchen klatschen sich mit den Pfoten ab. Der nächste Haselnussbaum liegt zehn Sprünge entfernt. Im Nu sind sie dort. Sie klettern hoch und wählen besonders zarte Triebe aus. Sie knabbern am Astbeginn bis die Zweiglein zu Boden fallen.

Sie springen vom Baum und legen etwas Laub über die Haselnusstriebe. Schließlich soll sie niemand anderes heute Nacht verspeisen.

„Morgen müssen wir die Geschenke verstecken", sagt Emma. „Uhudame Ute hat wieder jedem Tier dasselbe Suchgebiet zugeteilt wie im letzten Jahr."

„Dann treffen wir uns früh bei Sonnenaufgang?", fragt Emma.

„Ja, das reicht aus", antwortet Emil.

Emma liebt die Sagawaldfeste. Trotzdem strengen die Vorbereitungen an. Jetzt will sie nur noch schlafen.

„Gute Nacht, Emil."

„Leckere Träume, Emma."

Jedes Eichhörnchen klettert in seinen Kobel und schläft mit einem Lächeln auf dem Gesicht ein.

Frühlingsfest im Sagawald

Die Sonne steht hoch am Himmel. Die grünen Blätter glänzen. Heute wird am Biberteich Ostern gefeiert. Alle Geschenke wurden versteckt. Nun stehen die Tiere in einer Schlange bei Uhuhdame Ute an.

Sie fliegt auf den nächstgelegenen Baum, räuspert sich und verkündet: „Biberjunge Balduin, für dich gibt es eine Überraschung zwischen den Weiden dort drüben."

Balduin springt sofort ins Wasser und schwimmt los. Bei den Weiden angekommen, watschelt er wieder an Land und beginnt zu suchen.

„Igel Ignatz, dein Gebiet liegt bei den Hagebutten."

Ignatz tippelt zu den Sträuchern. Er liebt Ostern und schnauft vor Wonne.

„Waldmaus Mia, für dich wurden drei Leckereien bei der Fichte versteckt", Ute zeigt auf den Baum mit üppigem Wurzelgeflecht. Mia piepst vor Freude und wuselt los.

Ute verteilt weiter die Suchbereiche, bis alle beschäftigt sind.

Als Erster kehrt Balduin zurück. Er strahlt übers ganze Gesicht und trägt behutsam sein Geschenk.

„Schau mal, was ich gefunden habe", ruft er der Uhudame zu.

Ute bewundert den Pinsel. Dann kommt Hase Hanno. Er kann das grüne Ei kaum tragen. Emma und Emil haben die Kräuter verflochten und ein Riesenei gebastelt.

Wölfin Walda pupst begeistert ein Liedchen aus Freude über ihre beiden Ostereier. Das eine zeigt ein Bild von ihr und Hanno, wie sie miteinander lachen. Das andere hat einen quitten-gelben Untergrund und ist blau und rot gepunktet.

Auf dem Ei von Dachs Dagobert ist sein Kopf in blauschwarzer Farbe zu sehen.

Emma und Emil finden sechs noch geschlossene Tannenzapfen. Sie reiben sich die Bäuche in Vorfreude auf die Samen darin.

Schorsch legt sein Ei behutsam auf den Boden. Darauf ist ein großes Herz in fuchsrot gemalt. Im Inneren stehen die Buchstaben „S" für Schorsch und „F" für Fidelia. Drumherum sind viele bunte Blumen zu sehen.

Fidelias Ei zieren zwei verschiedene Tierspuren. Die eine gehört zu einem Fuchs und die zweite zu einem Wildschwein.

Igel Ignatz ist begeistert von den drei Walderdbeeren. Er zeigt sie kurz den anderen Tieren, bevor er sie genüsslich verspeist. Zum Schluss kleben an seiner Schnauze noch ein paar Stückchen vom Fruchtmark. Mit der Zunge leckt er sie ab und seufzt wohlig.

„Ostern ist toll. Wollen wir kommende Woche wieder feiern?", fragt er in die Runde. Emma und Emil lachen.

Uhudame Ute tadelt ihn: „Das nächste Fest findet erst im Sommer statt. Du weißt doch, dass es nur eins pro Jahreszeit gibt. Nicht mehr und nicht weniger."

Ignatz niest, ob zustimmend oder ablehnend, bleibt unklar.

Frosch Fridolin hüpft herbei: „Ich habe eine neue Teichrose gefunden. Die Blüte strahlt in so kräftigem Gelb, da wirkt die Sonne blass dagegen."

Die Bibereltern Berta und Bruno freuen sich, dass sie das Richtige für Fridolin ausgewählt haben. Sie wissen, wie gerne er auf den Blättern sitzt. Für sie selbst gab es ein Osterei, auf dem ihr Teich und die Biberburg zu sehen sind. Sie bewundern das selbstgemalte Bild von Balduin.

Maus Mia zeigt kurz ihre beiden Bucheckern und die Haselnuss, um sie gleich darauf zu verstecken.

Rehmama Regina und Rehkitz Ronja kehren kauend von der Suche zurück. Die frischen Triebe schmecken köstlich. An so zarte Ästlein von Haselnussbäumen kommen sie selber nie heran.

Maulwurf Magda verspeist den Käfermix, den ihr Dagobert versteckt hat. Seitdem sie den Boden umgräbt, geht er jeden Tag gut gesättigt schlafen.

Nun sucht Ute in den Baumkronen nach ihrem Ostergeschenk. Die anderen Tiere hören das Rascheln der durchwühlten Blätter. Schließlich kommt sie mit einer Blumenkette aus gelben und lila Krokussen zurück. Mit stolz erhobener Brust setzt sie sich wieder auf ihren Ast.

„Danke, ihr Lieben, das war doch nicht nötig."

„Das hast du verdient. Du kümmerst dich immer toll um unsere Waldfeste", rufen die Tiere im Chor.

Ute senkt den Kopf und schnieft gerührt.

Alle haben ihre Geschenke gefunden. Jeder zeigt oder berichtet, was er dieses Jahr bekommen hat. Gemeinsam erfreuen sie sich an dem wunderschönen Frühlingstag und feiern bis tief in die Nacht.

SCHABLONEN

Auf den folgenden Seiten findest du fünf Schablonen von Motive aus dem Sagawald zum Ausschneiden.

Jede Ausgabe – Frühling, Sommer, Herbst und Winter – beinhaltet unterschiedliche Schablonen. Wenn du alle vier Bücher sammelst, hast du am Ende alle Tiere und Bäume aus dem Sagawald. Diesmal gibt es die Schablonen von Biberdame Berta, Rehmama Regina, Waldkauz Karl, Frosch Fridolin und einem Laubbaum.

Jetzt bist du gefragt und deine Ideen. Du kannst die Tiere ausmalen, damit basteln, eine Szene aus der Geschichte darstellen oder eine eigene entwerfen. Ganz wie du möchtest.

Ich würde mich riesig freuen, wenn ich dein Werk als Foto oder als echtes Bild zu sehen bekomme. Alle Einsendungen werden auf meiner Website *www.nelehandwerker.de* veröffentlicht. Schicke deine Bilder dafür unter dem Betreff „Sagawald" an die E-Mail-Adresse autorin@nelehandwerker.de.

Kleiner Tipp: Wenn du die Schablone am Anfang kopierst, kannst du das Original aufbewahren und mit den Kopien mehrere Bastelideen ausprobieren.

Hinweis: Wenn du die Erstausgabe der „Gedichte und Geschichten zur Weihnachtszeit" erworben hast, schick' mir einfach ein Foto vom Buch und deine E-Mail-Adresse, dann erhältst du die Schablonen kostenlos als PDF zugesandt.

Biberdame Berta

Rehmama Regina

Waldkauz Karl

Laubbaum

Frosch Fridolin

83

AUTORINNEN &
ILLUSTRATORIN

Über die Autorin der Gedichte

Gertraude Witschas wurde 1926 in Dresden geboren. Sie arbeitete 48 Jahre als Rundfunksprecherin. Zu ihrem Repertoire gehörten literarische Sendungen sowie Rollen in Hörspielen und Produktionen des DEFA-Studio für Trickfilme Dresden.

Als Rentnerin begann sie selbst zu reimen und fand mehr und mehr Spaß daran. Es entstanden Gedichte zu festlichen Anlässen, über heitere Begebenheiten und besondere Erlebnisse. In diesem Band sind ein paar ihrer frühlingshaften „Reimereien" (so ihre eigene Formulierung) festgehalten, die sie 2019 für ihre Urenkel und Fans der Serie neu verfasst hat.

Über die Illustratorin

Ulrike Handwerker wurde 1952 in Dresden geboren. Sie ist die Tochter von Gertraude Witschas und die Mutter von Nele Handwerker. Nach ihrem Studium arbeitete sie als IT-Spezialistin.

In ihrer Freizeit ist sie gern kreativ tätig und probiert dabei verschiedene künstlerische Techniken aus. Vor einigen Jahren kam das Schnitzen neu hinzu. Am liebsten befreit sie menschliche Körper und Köpfe aus Holz und Stein. Zudem erschafft sie Tierfiguren, aus Holz und auf dem Papier, die in den Märchen und Geschichten ihrer Tochter Nele auftauchen.

Über die Autorin der Geschichten

Nele Handwerker wurde 1980 in Dresden geboren. Nach Lehr- und Wanderjahren in Mittweida, München, Bamberg, Chicago und Wien lebt sie heute mit ihrem Freund, dem gemeinsamen Kind und zwei Rennmäusen in Berlin.

Die studierte Medienmanagerin arbeitet im Bereich Marketing und schreibt Kinderbücher. In ihren Büchern stehen Tiere und Natur im Mittelpunkt. Die Sagawald-Reihe widmet sich den Werten des Miteinanders anhand der Tiergemeinschaft, deren Mitglieder sie über die vier Jahreszeiten hinweg begleitet.

Nele Handwerker bloggt regelmäßig auf nelehandwerker.de
Man kann ihr auf Instagram, Facebook, YouTube und Twitter folgen.

Mehr Bücher von Nele Handwerker

Für alle Bücher gibt es Fragen zum Leseverständnis auf Antolin.de

Sagawald Reihe

Die Tiergeschichten eignen sich als Vorlesebuch und als Gutenachtgeschichten für Kinder ab vier Jahren. Durch die einfache Sprache und die kurzen Sätze funktionieren die Bücher auch für geübte Erstleser ab ca. acht Jahren. Die Gedichte laden dazu ein, mit den Wörtern zu spielen und neue Reime zu erfinden.

Bisher erschienen: Frühjahr, Sommer, Winter (v.l.n.r.)

Gedichte und Geschichten zur Sommerzeit

Das Kinderbuch enthält neun Sommergedichte. Dabei stehen typische Sommerfreuden im Mittelpunkt – von Eis essen über Baden bis hin zu Sommersportarten. Außerdem gibt es Gedichte zu beliebten Urlaubszielen am Meer und in den Bergen. Eine Entdeckungstour in die Natur darf natürlich auch nicht fehlen. Die Gedichte sind für Kinder von 4 bis 12 Jahren geeignet und variieren in der Länge.

Die sieben Tiergeschichten spielen im sommerlichen Sagawald. Dort leben Hase Hanno, Eichhörnchen Emma, Wildschwein Schorsch, Rehkitz Ronja, Wölfin Walda, Waldmaus Mia und Biberjunge Balduin. Sie alle begegnen anderen Tieren, geraten dabei in kleine Konflikte oder versuchen, etwas gemeinsam auf die Beine zu stellen. Am Ende feiern alle friedlich und fröhlich gemeinsam ein Sommerfest.

ISBN: 978-3-75282-248-9

Gedichte und Geschichten zur Herbstszeit

Geplant für Juni/Juli 2019

Die Herbstgedichte erzählen vom Drachensteigen, Pilze sammeln, von bunten Blättern und schönen Basteleien.
Im Sagawald bereiten sich die Tiere auf den Winter vor. Es müssen Vorräte angelegt und Höhlen und Nester ausgepolstert werden. Manche Freunde sieht man für die kommenden Monate vorerst zum letzten Mal.

Gedichte und Geschichten zur Weihnachtszeit

Das Kinderbuch enthält 28 Winter- und Weihnachtsgedichte. Dabei stehen die Vorfreude, die Sorgen und die Wünsche der Kinder im Mittelpunkt. Außerdem treten typische Figuren wie Schneemänner, Nussknacker und Lichterengel auf. Die Gedichte sind für Kinder von vier bis zwölf Jahren geeignet und variieren in der Länge.

Die vier Adventsgeschichten spielen im winterlichen Sagawald. Dort leben Eichhörnchen Emma, Wildschwein Schorsch und Hase Hanno. Alle drei begegnen anderen Tieren und zeigen, worum es bei Weihnachten wirklich geht: Es wird geteilt, sich gegenseitig geholfen und Rücksicht aufeinander genommen. Und am Ende feiern alle friedlich und fröhlich gemeinsam das Weihnachtsfest.

ISBN: 978-3-75282-234-2

Malika Khan – Eine Rennmaus legt los

Spannende Geschichten rund um die abenteuerlustige Rennmaus Malika Khan für Kinder ab 4 Jahren. Zum Selberlesen geeignet ab 8 Jahren.

Malika Khan ist eine mongolische Rennmaus. Zusammen mit ihrer Schwester Toja lebt sie bei Emma. Das Mädchen lässt ihre beiden Haustiere regelmäßig im Zimmer frei. Dabei entdeckt Malika einen Geheimgang, der in den Garten führt. Eines Nachts steht die Tür vom Terrarium offen – Gelegenheit für einen Ausflug ins Freie. Dort warten große Abenteuer ...

ISBN: 978-3-96111-373-6

Rezensionen von Kinderbüchern

Jedes Jahr erscheinen mehrere Tausend Kinder- und Jugendbücher in deutscher Sprache. Dabei fällt es schwer den Überblick zu behalten. Ich durchforste regelmäßig die Verlagsprogramme, und versuche ein paar Perlen zu bergen, die ich dann auf meinem Blog und YouTube Kanal bespreche. Die Buchtipps reichen vom Säuglingsalter bis zu den Jugendlichen. Es gibt Abenteuer- und Detektivgeschichten, genauso wie Sach- und Themenbücher. Vielleicht findest du dabei etwas Passendes für dich selbst oder zum Verschenken.

www.nelehandwerker.de/blog

Tiermärchen auf YouTube mit Stop-Motion-Filmen

Auf meinem YouTube Kanal findest du eine Reihe von Tiermärchen aus aller Welt. Manche habe ich ein bisschen nach meinem Empfinden angepasst. Sie beinhalten Stop-Motion-Filme mit geschnitzten Tierfiguren von meiner Mama, Ulrike Handwerker. Einfach „Nele Handwerker" in die Suche eingeben und dann die Playlist „Märchen aus aller Welt" auswählen.

www.bit.ly/tiermaerchen

Weihnachtskalender auf YouTube

Auf meinem YouTube Kanal „Nele Handwerker" findest du einen Adventskalender als eigene Playlist mit 24 Gedichten und Geschichten aus dem Weihnachtsbuch. So kannst du jeden Tag ein Videotürchen öffnen und anschauen. Die vier Geschichten enthalten Stop-Motion-Filme der geschnitzten Tierfiguren. Meine Mama, Ulrike Handwerker, hat die Holzfiguren extra für die Sagawaldreihe hergestellt. Sie dienen ihr als Vorlage für die Illustrationen im Buch.

www.bit.ly/neles-adventskalender